JN418964

생손가락을 앓으면

생손가락을 앓으면

김시월 시집

문학의전당

自序

1998년도 국제신문 신춘문예로 당선된 이후 두 번째 시집을 펴낸다. 첫 시집 『새벽으로 떠나는 기차가 보인다』를 출간한 시점을 감안하면 8년이 소모되었다. 등단 이후의 10년의 성과로서도 너무 빈약한 느낌이 든다. 거북이처럼 느린 걸음을 옮겨놓으면서 한순간도 시를 잊은 적은 없다. 나대로는 지극히 부끄럽기만 한 지난 10년을 돌아보면서 앞으로의 10년을 생각해보다 더욱 치열한 시적 삶이 돼야 하겠다는 결의를 가져보는 것이다. 사실 시는 내게 있어서 상상과 정서 이상의 의미로 항상 다가선다. 그러한 외면적 각박함이 시를 가져다주지는 않았다. 그러면서도 내 안에서 타오르고 있는 꿈과 절망 앞에서 진실하게 대결하고자 하는 참된 이치는 페러다임으로 하여 더욱 불꽃 같은 시의 길을 다짐해 본다. 출판을 맡아주신 문학의전당과 기꺼이 해설을 맡아주신 김경복 교수님께 감사드린다.

2009. 7
서실에서 김시월

차례

1부

2부

3부

1부

그곳에 가면 1

사거리 횡단보도엔
행선지 잃은 발자국 몇
바람 되어 떠돌고
가을을 서성이던 키 큰 은행나무가 있다
물결처럼 밀려왔다가는 사람 등 뒤를 배회하며
기쁨과 슬픔 아쉬움을 하나씩 떨구며
옷을 벗는 나목 새로 쳐진 사상초등 울타리를
마주하고 선 이 층 창문 손때 묻은 나의 흔적이
살아있다 운동장을 맴돌며 아이들과 눈 온
날의 추억을 되새김하는지 붉게 충혈된 눈을 본다
아이들의 힘찬 함성에도 추위를 타는 길목
한글, 한문 창문은 화선지 안경을 쓰고
역류할 수 없는 세모를 어루만진다
지킬 수 없는 것들이 햇살처럼 사라지고
덩그라니 빈 껍데기 건물만이 핏기 잃은 얼굴을 하고
새 주인 오기를 기다린다
그곳에 가면

그곳에 가면 2

수없이 명멸하는 내 분신들이 살아있다
자석처럼 끌어당기는
반가운 발자국과 그림자
쓰라린 얼굴과 간판들이
눈인사 주고받는 햇살처럼 서성거린다

사상초등학교 종소리 낭랑하게
교실로 뛰어들면
혼자 구르는 은행잎 하나
시소에 앉아 휫바람 분다
휴식시간마다 신나게 뛰놀던 축구공
적막한 운동장을 지나서
맥 빠진 모습으로 내 서실로 뛰어든다
가을운동회의 힘찬 응원의 함성 들리듯
철조망 사이로 바람이 들락거리고
담장을 타고 오르는 줄장미는
개구쟁이처럼 부산한 도시를 내다본다
사상 사거리의 빨간 신호등이 깜박거리면
키 큰 국기게양대는 근심스런 눈빛으로
어지러운 횡단보도를 살피고 있다

맑은 하늘을 스쳐가는
일단의 비둘기 편대가
주머니 속 같은 환한 길에 내려앉아
선연하게 흘려놓은 내 추억의 잔해를
쪼아 먹고 있다

날개

며칠째 겨드랑이가 가려워
나는 지금 서울로 간다
슬픔 짙게 배인 밤들을 청산하고
세상 깊이 나를 가둔 어둠을
툭 툭 턴다
무늬 없는 삶의 행보여 안녕
멀지 않는 미래 얼음 조각을 스케치하며
내가 깨지 못하는 단단한 벽 앞에
구석구석 나이테 묻어나는 어둠이
로댕처럼 쭈그리고 앉아 있다
별이 총총히 빛나는 밤
명동 밤거리 현란한 네온사인 불빛
행렬이 바다로 가고 있다
거미줄 엉킨 노선 조심스레 당기며
어디쯤에 있을 파란 하늘을 찾아
지난 시간의 어둠더미 헤적이며
보석을 찾는다
무수한 별들이 내려와 거리를 서성거린다
도시 밖에는 세찬 바람이 불어오고
내가 찾는 나무들은 보이지 않는다

거친 발길에 채이는 돌 하나
하늘은 끝내 눈뜨지 않는다
나의 푸른 날개는 어디서 휘적이고 있는가

비 오는 날의 수화

누군가
가랑비 속에서 손 흔들며
망부석처럼 서 있다
잔인한 오월에 낙화하는
혈색 잃은 꽃잎은 바람에 불려
보일 듯 까만 점으로 사라지는 오토바이
뒷모습을 붙잡으며 따라 간다

분홍색 땡땡이무늬 레인코트가
소낙비에 더욱 빛나던
아침 출근길을 꺼내 나를 매만지며
등 뒤에 기댄 따뜻한 온기를 찾는다

돌아오는 길 울타리 안의 나무들
비명을 지르며 알아들을 수 없는 손짓 발짓
눈 온 날의 발자국 하얗게 지우듯
바람은 꽃잎을 날린다
마른 눈물의 꽃잎 되돌아갈 수 없는
추억의 일기장에 오늘을 눕힌다

어깨가 되어주던 동병상련의 그는 가고
흘리고 간 정다운 말들이 옛 주인집을 찾아 온 백구처럼
빙빙 돌며 빗속에 젖고 있다

소록도

녹동항에서
섬을 바라본다
듬성듬성 모래밭 외로이 서성이는
해송들 힘없이 거닌다
아무도 찾아오지 않는
질긴 목숨의 동아줄 섬에 방치된 채
육지로부터 불어오는 바람에 매달린다

가을이 되면
낙엽이 되고 싶은 사람들이 사는 땅
집착하던 것들을 하나씩 벗고 훌훌
경계도 없이 떠나는 모습이다

사랑의 손길 받지 못하는
외딴 하늘만 내려와 있다
끈적이는 바람에 나무들은
힘없이 여위어가고

돌아오지 않는 그리운 눈빛들은
몰아치는 물보라에 묻힌다

울컥 목 메이던 각혈
파도 속에 잠잠하다

포장도로

흙먼지를 털고 진입로에 섰네
새 구두를 신고
비린내 풍기며 길들여질
딱딱한 아스팔트 바닥
헐렁한 구두를 던져버린 대신
뒤축에서 진물 나는 냄새 풍기네
그곳에도 푸른 잎들 쌓여
거센 물살에 휩싸이네
철조망을 막 뚫고 나온 새
눈앞에 즐비한 길 끝자락을 만져보네
철책 밖의 꽃망울 윤기가 나고
눈먼 새들 목마르게
갇혔던 새장을 그리워하네
도수 높은 안경알을 굴리는 칼바람은
가로수 머리칼을 흔들어대네
과녁을 향해 날아간 두 발의 화살
길 위에서 실종된 지 오래네
날카로운 눈빛의 아이들이
삐걱대는 도로의 두 마리 토끼를
불안한 몸짓으로 건너다 보네

비가 오면

먼 기적처럼 울리어 오는
아픔들이 살고 있다
메워져 가던 구멍마다 소리를 내며
양철지붕 같은 얇은 마음에
말뚝 치는 천둥소리
우우우 떨어지는 추운 창호지
속옷 넋을 놓는다
가난이란 큰 구멍에 축배 잔을
하늘은 넘치도록 비를 내린다
이렇게 비가 많이 오는 날은
건너뛰는 저녁처럼 창은 팅팅 불어
꼼짝없이 고장 난 지퍼 열려 있고
안팎 한 사흘쯤 울어
내 마음의 집은 다 젖고 만다
마음의 집은 엎드린 채
꼬박 밤을 새워

수정동 고개

고갯길 오르내리며 어머닌
긴 하소연 늘어놓는다
밀양 구비기에서 여기까지 흘러 온 야기
굽은 허리를 잠시 편다
샛골목이 큰 도로가 되자 가로등이 멍하니 서 있고
누더기 걸친 복덕방이 세탁한 옷을 갈아입고
현주소를 적는다
계단을 오르듯 병원 키는 자꾸만 높아가고
세든 채소가게에서 겨울살이가 시들어 간다
막 자갈치에서 건져 올린 등 푸른
고등어가 영문 모를 눈을 깜박인다
186번 버스가 바다로 달려가다
부산진역에서 검문을 받으며
용두산 정상은 흰구름에 푸른 얼굴을 가린다
밤마다 저는 다리를 끌며 불빛 행렬 따라
저승 가는 꿈을 자맥질한다
담배 한 대를 피워 물며
들고나는 배들을 품었다 떠나보낸다
숨찬 고갯길 내려다보며
헐떡이며 숨넘어가는 뱃고동 소리에

자꾸 마음이 걸려 절벽으로 철렁 내려앉는다
평생 엎드려 온 삶처럼 휘어진 허리를 잠시 들어
병원 간판을 찾는다

쌍포 시편

내 의식의 사진기 속에는
오래전에 감아 두었던 흑백
기억의 필름이 살고 있다

작은 시골역을 지나면
금방이라도 무너질 것 같은
슬레이트 집 한 채
오랜 골다공증의 주인 잃은 기둥이
병인년 홍수에 밀려 비스듬히 누워 있다
찌든 사립문 틈으로
햇살에 삭은 검은 염소털이 날리고
두 손 모아 삐꾸기를 부르면
새참 기다리던 쌍포초등 한 주사가 대답한다
덧없이 돋아나던 복숭가지 세월가지
내포리 박 주사의 영혼은
산불조심 완장을 차고 원동을 맴돈다
한겨울 피는 산수유 따며
오롯이 눈꽃 녹는 산길을
해처럼 십오 리 걸어간다
어디쯤인가 거세게 껴안는

회오리바람을 만나 안부를 묻는다
가슴 울리며 내달는 기적 삼키는
산마루에 올라서서 하늘 향해 손을 젓는다

헛간의 바람소리

삭은 문짝을 민다
잃었던 기억이 빛을 타고 일어선다
정리되지 못한 마음속 낡은 세간들
호명을 기다리는 죄수처럼
몸을 들썩이며 일제히 고개를 돌린다
도시에서 적막한 마을로 이주해와
어둠 속에 쪼그리고 앉아 있다
부러진 팔의 통증으로 신음하는 소리가
여기 저기 들려온다
늙은 어미는 아들의 시신 같은
슬픈 추억 뼈마디들을 어루만진다
빼앗아갈 수 없는 내 기억의 낡은 건물 속에
수척한 영혼 하나 나의 치마를 붙잡는다
나는 잠시 미아가 되어
벽에 칠 새로운 못 하나에 시선을 박는다
푸른곰팡이가 멍석 위에 집을 짓고
희망을 잃은 호미가 천정에서 목을 메자
이 빠진 낫 따라 목을 멘다
사자문양의 철 대문 노을 쪽으로 반쯤 기울고
동백꽃잎이 흩어진 뜨락에 칠 벗겨진

냉장고가 엉거주춤 앉아 있다
문득 싸늘한 바람 한 줄 담장 너머 사라진다

오늘의 깃발

오늘을 굴리면서 양산계란이 왔어요 오늘 사세요 오늘 내가 파는 것은 깨지기 쉬운 유리관의 노란 희망이 아니에요 빛바래기 쉬운 오늘 쉰 목소리로 골목을 외쳐요 이른 아침 맑은 공기를 주입시켰는데도요 뒤꿈치를 들며 발성연습을 했어요 구린내 나는 어제는 타이어 펑크로 새어 나갔어요 잠 들깬 어제 밀리는 고속도로를 삶았어요 물렁물렁했어요 오늘 비가 추적추적 오네요 삶의 나침반이 쓰윽 눈물을 닦네요 진흙 속에 발이 빠져 꼼짝을 않네요 이마에 식은땀이 나네요 우는 것이 아니라고 손사래 치는 나침반이 멈추어 서는 오늘 몸살이 나네요 몸이 불덩이 같네요 한 열흘 쉬어야겠어요 관절을 눌리는 오늘 다이어트를 해야겠어요 시간을 맞추어 기다리는 오늘 나아가지 못하는 오늘 부화하지 못하는 오늘 눈에 밟혀요 오늘의 햇살이 깃발처럼 마구 펄럭이고 있어요

글을 쓰면 2

수많은 날들이 녹아 그리움이 짙은 바다
먹구름 뒤덮여 빗방울 뚝뚝 떨어질 것 같다
온통 기름 떼를 뒤집어 쓴 도로
개울창으로 흘러 바다로 바다로 흘러 간다
한 생의 물음표를 달고
밀물 썰물 분주히 칼을 간다
모래톱 사이로 거품을 물고 있는 시간들
언어 세공을 위해 뭍 새들의 날갯짓
날아오르다 주저앉고 몽돌이 되지 못한 그들
환한 물속을 들여다뵈듯 날고 싶은 용트림으로
산굽이를 돌아 완행열차가 캄캄한
굴 입구에서 기지개를 켠다
열차의 기적소리에 산천이 잠을 깨고
이마를 찌푸린 봄이 배시시 웃는다
벚꽃 가로등 향긋한 봄밤에 풀밭 자리를 펴고
별들이 하나씩 내려와 눕는다

글을 쓰면 3

경주 십 리 벚꽃 터널을 거닌다
서리서리 날리는 꽃잎
붐비는 인파가 내 손을 잡는다

열차의 레일 바이크로 미끄러진다
벚꽃 잎 떨어지는 박수소리
날더러 휘호를 하라 한다

가로등 피어 환호의 불꽃 터지는데
한눈팔고 손 놓친 봄밤에
꿈길을 헤맨다

화씨벽의 원옥 캐기 위한
망치질 연속 이어지고

언어의 힘에 반쯤 휘어진 낚싯대
힘찬 강의 흐름 조율에 맡기고 있다
나의 하루하루는 유수불부 수적천석을 꿈꾼다

*화씨벽 : 조나라 사람, 화씨가 남악형산에서 진귀한 원옥을 발견했다는 고사

*流水不腐 : 흐르는 물이 썩지 않듯 멈추지 않고 노력하면 발전이 있음을 가리킴

*水滴穿石 : 작은 물방이 돌을 뚫는다는 뜻. 작은 노력도 계속하면 큰일을 이룰 수 있음

고뢰쇠 나무

입춘이 철조망을 치자
몸 구석구석 벌레가 꿈틀거려요
응고된 혈전이 부드럽게 풀려나가자
아버지 얼굴을 뒤집어쓴 짐승들이 다가와
내 몸에 고무호스를 꽂았어요
빈혈이 심하다고 사정했지만
막무가내 하며 피를 빼내 갔어요
빈대들이 나보고 엄살이 심하다고 놀려댔어요
작년 봄 이맘때 당한 일을 떠올리면
내가 뭘 잘못했는지 모르겠어요

내과병동에 가면 어린 플라타너스가
차례로 수혈해 주기를 기다리고 있어요
전생에 무슨 빚이 그리 많은지
친구들이 바보천치라고 놀리기도 해요
아지랑이가 아른아른
유채꽃밭을 지나서 찾아올 동안
나는 쉬어 갈 어깨를 빌려 줄 수 있을지
눈앞이 캄캄하네요
고로쇠 이름이 싫어요 무서워요

인사동 가는 길

고풍스런 새벽 안개가 도시를 배반한 전통 찻집의 아자창에 매달려 있다 마음 바쁜 걸음은 아예 속력을 죽이고 골목을 들어서면 사거리의 모퉁이에서 처음으로 일상의 밖에서 서성거리는 낡은 간판들과 눈인사를 한다 천상병 시인의 입김이 서린 [귀천] 앞에서 백악미술관 가는 길을 묻는다 한양주단이 넉살맞게 나의 행색을 아래 위로 훑어본다 석고처럼 굳어버린 두 다리가 한기를 느끼는 동안 하염없이 흐르는 시선이 닿는 골목은 공연이 끝난 극장 뒷문처럼 한산하다 눈빛을 끌지 못한 갤러리들은 초대 작가 몇몇의 얼굴로 버티고 경인미술관은 대가의 화폭이 승천하듯 오른 가격표에도 관객들이 구름처럼 몰려간다 나는 길을 잃을까 고궁의 담장을 맴돌며 희귀본 고서 몇 권에 취하여 건들거린다 낯선 이방인의 눈길도 드문드문 섞여 봄 마중 나온 병아리처럼 개나리꽃을 피워내고 넓은 세상으로 나가는 길목에서 옛 정취가 물든 집들이 소리 없이 졸음에 겨워 날개를 내려 깔고 있다 해묵은 도포자락과 해진 갓의 창날이 거리를 활보하던 바람을 잠재우고 다소곳이 진열대에서 도사려 앉은 자세가 선비처럼 고고하게 기침소리를 높인다 하늘을 꿰뚫는 빌딩의 그늘에서 이 마을은 저 혼자 조선을 지키고 있다

한계령

산을 뽑아 올리는 돌개바람 사이로
허물을 벗은 이무기처럼 꿈틀대는 산줄기
정상을 내려다보면 운해가 자욱하다
구름의 중심을 오르내리는 계단 허리를 굽히고
베일을 벗기는 풍력기 돌고 있다
목초를 뜯는 젖소 떼 등성이를 넘고
겨드랑 사이 사이 잔설의 앙금 남아 있다
내설악을 보기 위해
외설악이 망원경을 들이댄다
휴게소는 빙그레 뒷짐을 지고
설악산은 지금 평발을 치고 면벽 중이다
철비늘같이 떨어져 나가는 피나무 줄을 잇는다
안개를 벗은 민둥산 알몸이 뼈만 드러난다
바람 올리는 제단을 쌓고
조용히 세상의 조율에 귀 기울인다

어떤 종이

큰 키가 안쓰러워
못에 박힌 하루
셀 수 없는 날짜를 오가는 그대
나무지게에 꽂혀가는 진달래같이
흔들리는 리어카
이 빠진 몸매가 엉성하다
터진 생의 둘레를 꿰매는 그대
내일이 사거리의 모퉁이에서
알 수 없는 눈빛을 갸우뚱거린다
잠시 구름 속에 끼어들어
맨발 소나기로 세차게 쏟아져 내리는 동안
모자 벗어 던지듯 가난을 내팽개친다
희망의 씨로 눈 뜬 까만 어린 남매
캥거루 호주머니 속처럼 붙어 다닌다
갓 다림질한 빳빳한 거드름
종잇장같이 환하게 찢어진다 튀어나온 엉덩이
삐걱거리는 관절 버려진 녹음테이프 길이 감고 있다
동짓달 짧은 해
하나 남은 팥죽새알처럼 떠 있다

노을

넋을 잃고 차창에 기대어
낭자히 흐르는 너의 모습을 본다
깨어진 내 꿈의 파편이듯
산산이 흩어져 멸망하고 있다
다시 거슬러 오르지 못할 낙화 되어
머나먼 상류를 바라본다

초경에서 말경까지 붉은 혓바닥
저녁바다에 빠뜨린 채 볼 붉힌다
고달픈 생의 상흔을 쓰러 담는 모습으로
다시 마시고 싶은 정열이여
쓰러져도 다시 팔베개 않겠다던
말들 날아와 가슴에 꽂힌다

그대 얼굴 붉히며 노을로 탄다
내일 떠오를 태양의 초석이 되어
주린 사랑 목축이고 있다

석산역 부근

주인 없는 뜨락에 목단꽃이 흐드러지고
담장 밑 우물에선 푸른 이끼가 수런댄다
아이들이 어항처럼 들여다보는 물너울이 흔들리면
달아나는 미꾸라지들이 산호인 양 숨는다
선들 바람이 한 바퀴 마을을 돌자
열차는 잘못 살아온 세상의
아린 흔적을 남기고 간다
슬픈 내력 무성히 새싹으로 돋아나
베어낸 감나무 가지에선 낮달이 비친다
폐가의 이마 반짝이던 장독대는
날아드는 먼지로 화장을 하고
시집간 딸들은 시름없이 차례로 빈집을 찾는다
시나브로 지나가는 하행열차의 소음에 섞여
이민 간 집 주인이 안부를 묻는
전화벨 소리도 아득히 멀어진다
서른 가구 번창하던 풍문들은 지고
여남은 식구들만 남아 가라앉은 마당귀
목청 높은 이장의 목소리도 시들어버렸다
오지 않는 사람들에게 퍼붓는 빗줄기가
오늘 밤 개찰구 출입문처럼 가늘게 내린다

바람 드센 날

재첩국동이로 스물 스물 걸어오는 골목 바람이 가난한 대문을 흔들어 깨운다 개나리 길로 이름 바뀐 달동네 기계소리를 술과 바꿔 먹고 해롱거리는 몸짓으로 새벽을 밀고 온다 오솔길 양쪽으로 버려진 쓰레기 냄새와 털 빠진 골목을 맴도는 광견 외면하며 무표정한 전봇대가 눈감고 돌아서 있다 파란 눈도 아닌 사람들이 우르르 담벼락에 기대서서 부러진 전신주마냥 잡담을 늘어놓는다 옷깃을 적시는 가랑비가 알 수 없는 노랫가락에 취해 있고 목줄처럼 늘어진 라면 봉지들이 입을 벌리고 있다 헐값에 사들인 중고 세탁기가 시름없이 앓는 소리를 낸다 봄빛으로 날아온 채송화 씨앗들이 옥탑방 전세를 대신했다

비닐하우스

비닐하우스 머리맡에
햇빛이 식은땀을 흘리며 앉아 있다
이불을 걷어차며 몸부림치는
비닐하우스는 만삭이다
힘들게 소리치는 꿈의 아픔을
이웃에게 나누어주려는 햇빛 발전소
비닐하우스는 가동 중이다

푸른 병실엔 하우스가 여럿 누워 있다

해질녘 비닐하우스는
분만의 통증이 극에 달하고
처마 밑으로
계란 노른자가 된 노을이
터질 듯
산등성이로 녹아든다

하늘은 온통 피바다다

2부

낙동강

눈이 시린 햇살이
푸른빛 선글라스를 끼고
얼굴에 박하 분 한 통 다 들어부었네
삼락둔지 야외 빙상장 뒤편
파스텔 유채꽃 노오란 미소가
아기를 안은 엄마의 부끄런 젖꼭지 따라
비눗방울로 부풀어 오르네
주춤거리던 빛살 봄날을 태우며
벚꽃 행렬 속에 기웃거리는 잎 푸르러 올
팬지도 아파트 언저리 기웃거리네
풍력 조명등 웰빙 조깅코스를 달리고
어울림 공원에서 연산홍 열일곱 소녀처럼
웃음을 끝일 줄 모르는 강둑에서
길 따라 강물도 조용히 어깨를 나란히 흐르네
붉게 타는 녹색의 세상
문을 활짝 열어 놓았네

광안대교

너는 촉각의 언어수첩을 뒤적이며
익명을 두드리는
밤의 노래에 취해 있다
광활한 터널의 교각 아래
시들어가는 기억의
밀폐된 방을 헐어 세상을 연다
어둠의 향기를 맡으며
자정이 지나도록
화려한 옷매무새로 서 있는
너는 시린 날의 벅찬 환희를
헐거워진 햇살로 조이고 있다
잔잔한 물살 위에 일렁이는
푸른 이끼의 도도한 육성을 들으며
그리운 날의 엽서를 넘겨 본다
세상의 수틀 위에
고된 십자수를 새기는 동안
봄은 또 고요한 밀물처럼
너의 강인한 어깨를 흔든다
머나먼 동해로 빠져나가는
무역선의 힘찬 고동소리에 젖어

잠드는 너의 사랑
떠나가는 갈매기의 부리마다
의연한 소식을 띄워 보낸다

언제나 날랜 차량들은
너의 등판에서 큰 꿈을 경작한다

나뭇가지 사이로

살짝 바른 가루처럼
눈발은 날아가고
낡은 흑백필름에 갇히지 않으려고
손 시린 나뭇가지 끝에서
핏발선 푸른 맥박이 뛴다

동해 남부선 철길은
미루나무 위에 까치둥지를 틀고 앉아
목어 떼 바람 따라 달린다

뽀얗게 서리 왔다 간 빈 들녘
짚무더기 섬이 되어 외롭다
사람이 그리운 간이역
씨앗 몇 내려놓고
카파라치가 된 까치는
찍을 풍경이 없는 카메라
포켓 속에 생을 접는다

고향을 등에 업은 작은 설날
꼬리 보이지 않는 차량 행렬

독한 향수에 취한 인간 띠만 꿈틀댄다

달력 속의 우포늪

책상에 묶인 시간이 운다
늘 그곳에 한 번 가보고 싶다고
내 귀에서 징처럼 울리는 풍경
눈부신 정오의 산책을 한다
마산 터 산자락에 핀 매화꽃 너머
무성한 눈의 깊은 가장자리
봄날 아지랑이 풀빛 속에
수면을 덮는 생이가래 개구리밥 자라풀
소목마을 고기잡이 띄운 배 밑을
물그림자 가려운 등을 건져 올린다
수면을 뛰놀던 수생식물
여름날 짓궂은 홍수를 따라가고
키 큰 부들만이 호수에 집을 짓는다
거울 속 물옥잠이
제 자리를 가시연꽃에 비워주면
고개를 끄떡이는 억새들
그대를 고이 눕혀놓고 이불을 덮는다
신비스런 늪에 빠져 허우적대는 시선
한 줄을 건져 계절 타지 않는
일억만 년의 그림자 설화를 품은

수목의 초상화로 우뚝 섰다

장마 어느 날

못질을 하고 있다
그대 심층에서 울어나는 낮은 비음
가슴 깊이 커가고 있는
희망 같은 태양 떠오르지 않는 날
하늘빛을 우리고 우려
점자방울로 내려도
못질 되지 않는 울음의 반란
아스팔트 위로 뒹군다

차창 위로 우후죽순 돋는 점자방울
지우며 미끄러지는 등 뒤로
큰 숨을 쉬며 바람은 입술을 떤다

희미한 안개 속에 묻힌 빌딩숲
떨어질 듯 나뭇가지에 걸려
빈 벌집마냥 쓸쓸하다

오후 5시경 울음은 걷혔지만
분실당한 놀은 끝내 돌아오지 않는다
한 시간 앞당겨 등을 켠다

줄줄이 피는 아파트 창
형광 점자가 피어오른다

창고

다시는 열리지 않는 가슴팍에
육중한 자물통이 채워 있다
그 누구도 접근하지 못하는 어두운 영토
신기루같이 변속되는 방 한 칸
지난날의 내 기쁨과
슬픔들이 어울려 추억을 자아낸다
곰팡내 나는 눅눅한 기억들이
죽은 듯이 심호흡하며 살아 있다
스크랩해둔 장미꽃들은
뚝뚝 떨어진 눈물방울로 얼룩지고
피를 멈춘 벌레가
서러운 무게로 가라앉아 있다
새처럼 날아가 버린
있음과 없음의 경계선에서
아득한 그림자가 되어 서식한다
만질 수도 없는 허공의 초췌한 얼굴들
하나씩 꺼내어 손짓을 보낸다
내가 녹슨 열쇠를 꺼내어
네 가슴팍을 시원스레 열면
은밀하던 햇살 가득

네 침울한 심장은 부풀어 오른다
지금 달빛 하나 고이지 않는
내 허파 속에는
그 누구도 파헤칠 수 없는 비밀로 가득 차 있다

가문 날

심호흡하며
풍경을 마신다
네잎클로버 자욱이 깔린
구름밭을 이고
보랏빛 자운영 밭을
끝없이 달려갔다

우리 설 곳을 다시 찾아야 한다
사람들의 탐욕이 산으로 올라
솔밭을 깎아 학교를 세우고
손바닥 틈도 없이
졸작의 산 답 층계를 쌓아도
더 이상 천수답엔 비가 오지 않는다

어제까지 어깨동무하던
벗들이 하나 둘 떠나고
남은 자만이 슬픔을 노래한다
산에 올라서면 강을 들여다보듯
속마음 읽을 수 있다
모진 가뭄에도 찡그림 없이

인자한 미소 그늘 드리우고
약수터 그네로 앉아
억수 퍼붓던 날을 생각한다

오늘 내일 비를 예감하는
산머리 아래추리 아카시아꽃이
희끗희끗 마른버짐이 핀다

비를 맞으며

우산을 쓰고
길을 나선다
도시 구석구석 쌓인 먼지들이
도로가로 뛰쳐나온다
비의 거친 숨소리 따라 강렬해지는 차량들
내 청바지 위에 방울 줄무늬 그린다
하루의 정해진 길을 따라
라면 줄기를 당기면
명암이 뚜렷해지는 건물들이
등 뒤로 줄을 선다
가는 비 비 사이로 돌아가는 안개 산머리
세월은 말없이 순회의
톱니바퀴를 돌리고 있다
하얀 망사 걸치고 엎드린 산들을
가만히 끌어안으면
높은 집들은 허리를 굽힌다

속세의 물결을 건너
솔밭 입구에 서면 조용히 다가서던 산이
삭정이 마른 가지 위에 와서 파르르 떨고

붉은 황토 발목을 잡고
길동무하자 한다
철봉대가 발목을 삐어 어정쩡 서 있고
목이 타 바닥을 드러내던
저수지가 밤새 들이킨 포근한 맘속에
오류 마을을 꿈꾸면
가뭄에 시달리던 잡초들 기쁜 함성소리
바람이 싣고 와 출렁인다

거울 속의 여자 1

사막을 걷는다 물속에서 낙타도 없이 둥둥 발만 떠다닌다 한 개의 희망을 껴안고 홍수를 만난 듯 텅 빈 실내 산호 숲을 헤치고 시집들 사이를 분주한 치마꼬리 비파소리를 낸다 아주 잠깐 구청사무원이 왔다가는 발걸음 따라 인사말은 솔방울 구르듯 계단으로 떠내려가고 검은 안경을 쓰고 비스듬히 누운 힙 무거운 의자들은 배웅도 않은 채 잠만 청한다 짝도 없는 외로운 가나안은 홀로 허우적거리고 줄넘기하던 훌라후프도 그리움에 지쳐 쓰러졌다 바다도 강도 산도 사막도 마음속에 부처로 갈앉아 지켜만 보고 앉은 망부석이 되었다 그녀가 좋아하는 쓸쓸한 겨울 바닷가 덜 자란 하루해를 손거울인 양 자주 꺼내어 본다

거울 속의 여자 2

허름한 옷을 챙겨 입은
허수아비 모습
우물 안 개구리
동전만 한 하늘 풍덩 빠져 있다
파고드는 곡예 하루하루 방패연
줄을 잡고 안간힘하며 산다

산다는 진지함의 퍼즐들을
즐비하게 늘어놓고 끼어 맞추는
고된 삶의 물고
말라버린 개울가에 앉아
둥둥 떠다니는 구름 모자를 씌고
미친 듯이 뛰어가다 잔디밭 노래 부르다가

아무도 오지 않는 도꼬마리 샛길
벌거벗은 서산 해는 산봉우리에 엉겨 붙고
발 빠뜨린 연밭둑에
진흙 털지 못한 묵화
화선지만 연기처럼 풀풀 난다

유리창 3

이마에 손발을 얹고
야 봄이다 봄
감격하여 부르짖는다

몸은 늘 제자리에 말목을 치고
마음자락이 목련 꽃잎처럼
펄펄 휘날린다
아득한 하늘에 깃발 걸어놓고
애가 타는 푸른 날들
흩어진 볕뉘 같은
메마른 일상을 주워 먹는다
눈앞에 스쳐가는 것들은
어지럽게 흩날리다 가라앉고
마음 다스리기 힘든 아침
휘파람이나 불면서
먼 산을 껴안는다

창은 턱을 괴고
내 안을 들여다보면
끝없이 자라는 검은 먼지들

가지런히 줄지어 선 벚꽃 행렬 따라
두런두런 진해 군항제 보러 간다

들판은 환하게
김달진의 가등으로 불 밝히고 있다

빈집

문짝 떨어져 나간 자리에
거미줄이 무지갯빛 자물쇠를 채운다
바람이 불 때마다
셋방 표지가 손 흔들고
뿌리도 없는 먼지들이
맨발로 뜨락으로 뛰쳐 나온다
거센 돌개바람에 휘말려
낡은 대문 닫히는 소리
저 혼자 요란하게 부서진다
이사 소식을 모르는 군사우편
토방에 쓸쓸히 내던져져
달빛과 이마를 맞대고 있다

달은 그 여자의 성근 머리칼을 헨다
여자는 다락 구석의
몇 남은 책을 뒤지다
누렇게 옷 입은 사진첩을 집어든다
수척한 책갈피 사이로
나이 든 시간들이 우수수 지고
삐쩍 마른 사내 빈 술병처럼 신음하듯 누워

밥상 받던 한때를 떠올린다
길게 뒤따르는 그림자 하나
한참을 그 자리에 머물고 있다
축축한 적막이 벽을 기어오르고
문밖으로 가녀린 불빛 일어선다

병상 일기 1

창밖에는 궂은비가 내리고
의사는 청진기를 든 채
선고갯짓을 했다
잠시 비가 멎자
구름 사이로 여린 햇살이
미흘 미흘 새어나왔다
부황든 딸의 일기를 펼치는 동안
가슴이 하얗게 바래졌다
거친 자갈밭을 걸어온 맨발이
한 땀씩 피멍으로 젖어 있었다
내 작은 손이 딸의 피에 젖고
울먹이는 하늘의 음성이 귓가를 때렸다
안개 속에서 살아난 함박꽃 한 송이
철 지난 물살처럼 흥겹게 출렁거렸다
빨간 잇몸을 드러낸 바람이
꽃잎을 흔들며 수다를 떨었다
아침을 잠시 접고
다시 창밖을 내다볼 즈음
그쳤던 비가 내리기 시작했다

아직은 살아있다는 듯
조금씩 병실 창문이 흔들렸다

병상 일기 2

면회 온 친구들을 따라나서지 못한 그녀
팬티를 겨우 올리고 주렁주렁 매단 링거병
부딪치는 소리를 낸다
핏기 없는 1005호 병실이 휘청거린다
부축하는 눈빛이 쏟아진다
그녀는 부담스런 눈빛 잠재우려 눈을 감는다
자정이 넘어도 오지 않는 잠
가슴을 풀어 헤치고 지난 길을 따라가 본다
한참을 가다 가지가 난 숲길
입산금지 팻말을 본 순간
병원이 떠내려 갈 듯한 비상벨 소리
침실마다 수근댄다
문 옆 침실 새댁이 급히 실려 나가고
여기저기 근심스런 애도의 눈빛
서로 주고 받는다

병원 가는 길

종일 손을 놓고 있던 낮달이
오후 늦게사 걸음이 빨라졌다
양손에 물통과 도시락이 가슴을 출렁이며
짧은 외출을 한다
주례 지하철 입구에서
기다려도 오지 않던 마을버스
내일을 헐떡이며 지나간다
에스컬레이터처럼 천천히 상승하던
오르막길 속도를 높혔다
주원초등학교 운동장이 덩달아
하늘로 공을 힘차게 차올렸다
치솟던 새들도 힘없이 낙화하고
눈물 받아먹던 제일교회가
선도 뺏지를 달고 입원실 문 앞에서
통증을 앓는 길 안내한다
백차의 가쁜 호흡에
노을이 각혈을 하고
드디어 다가온 어둠이 혼절을 한다

붕괴 그 이후

거대한 태풍 증권으로 꺾인 허리 다시 펼 수 있을까 치맛바람에 퇴임한 k 동장은 요즈음 보너스 카드 안주머니에 꼬깨꼬개 접혀두지 못한 지난 시간을 아쉬워한다 가슴 깊숙이 막아둔 물길을 찾아 도랑 치며 밤의 하류로 떠내려가 보지만 늪에 발 빠뜨린 채 날지 못한 몇 남은 청둥오리 더불어 칠흑의 밤 갈대밭에 서성인다 허드렛일을 물어 나른다 남편 퇴직금 모두 휴지처럼 날려 보낸 흰 피부의 여인 여름이면 물 담은 지하방 지난 여름 폭우 스치고 간 얼룩진 꽃무늬 그려 있다 메주 띄우는 냄새에 걸음 빨라진 바퀴벌레 하루에도 몇 번씩 하품하는 날품팔이 식당 문턱이 더디게 지나간다 집 위층에선 노래방 탬버린 소리 요란한데 지친 몸뚱어리 뉘일라치면 옛 살던 아파트 비명 지르며 쓰러져간 모습 한낮 허깨비 불처럼 눈앞에 날아다닌다 햇빛 들지 않는 구석 방 백수 같은 바퀴벌레는 하릴없이 시간만 구멍 내고 줄기차게 밀려오는 어둠을 굴비 엮듯이 화선지 위에 곱게 땋아 내리고 있다 k 동장은 밤낮 칼날을 벼린다

오빠가 있던 목재소

환하게 웃으며 걸어 나온다
기적소리에 온몸을 떨던 빨간 벽돌집 옥상
사시사철 흰 빨래가 눈물을 말리며 꿈을 저울질
하고 있다 엄마가 보고 싶으면 이모를 보러오던
오빠 멀리 범내골 꽃시계를 그리고 부일시네마
극장 포스터를 그린다 인부들은 바람난 주인
영감 덕에 종일 쉬는 시간 화제로 꽃을 피운다
아름드리 묵은 둥지를 자르던 기계들은 텅텅
헛바람 소리를 내며 녹슬어 간다 열네 살 소녀
가 오빠 등을 토닥토닥 두드려 주면 띄엄띄엄
알파벳을 가르쳐 준다 유일한 낙이었던 그 눈이
큰언니 과자 싸오기를 기다리며 한때 나이가
같은 새엄마를 대문 밖으로 안아 내던 낡은
대문으로 사춘기 시절이 빠져나가고 빚쟁이
들이 하나 둘 찾아와 주인이 바뀌어버린 목재소
뒤로 기차가 오지 않는 철길만이 전포동 빨간
벽돌집을 가끔씩 떠올려 본다

당항포

도착하자마자
차멀미를 하고 있다
같이 온 사람들의 멀어지는 뒷모습을
물끄러미 바라보며
빈 속의 바다 출렁이며
반대 방향 쪽에서 비틀거리기 시작했다
닫혀 있던 모 교수의 정원 모처럼 찾아온
나비들의 손짓에 꽃나무들의 눈동자 빛나고 있다
거실 계단은 늙은 책들을 옆구리에 끼며
침실 사면을 산들로 껴안는다
한 박자 늦은 석수의 커피향에
우린 마냥 미소를 흘리며 싱싱한 바다와
푸른 모래밭 젊음을 사진 속에 묻고 있다
식은땀을 흘리며 홀로 바닷가 심층의 깊이 박힌
자갈밭 공룡의 사리 찾고 있다
공룡의 발자국 기원을 찾아 미니 영화관 붐을 이루고
눈길을 끄는 암반석 가물가물 지렁이 걸음으로
따라 오고 있다
당황한 만삭이 된 보름달 초저녁부터 신음하며
바다 위에 길게 드러눕는다

백혈병

개금 백병원이 급히 나를 부른다
타 본 지도 오랜 총알택시 가슴을 출렁이며
삶의 사선을 밟았다 싸이렌을 울리며
계속 들이미는 전쟁터 같은 응급실 포위당한
그는 지상의 어둠을 깔고 누운 천사다 사방
시끄런 소리 자장가인 양 나는 그제야 큰
숨을 내 쉰다 이 밤을 못 넘길 거라는 의사의
말 귀담아 듣지 않은 채

기억 넝쿨

기억 저편 화석이 된
편린들 간혹 귀를 간지럽힌다

내 머릿속의 냉장고에서 갓 꺼낸 싱싱한 채소 반짝인다
슬픈 추억의 꽃돌 한 다발 판도라 상자 속에서 태어나고
발효되지 않은 비릿한 언어 생소하다
꿈꾸어 온 길의 촉수들

꼬리 잘린 도마뱀 한쪽으로 치우친
막다른 골목 숨비소리 새어 나온다 유통기한이 지난
희미한 생각 울타리를 따라가면 승화되지 않은
잎만 무성하다
하얀 거품 일렁이는 얼음 속에서
선인장이 겨울 한파에 맞서 가시 세우고 있다
싹 틔우지 못한 뒤척임
허공에는 날아 간 새의 깃털만 남아 있다

스킨십

수양버들이 머리 풀고 있는 그 골목은 후미진 사타구니마냥 늘 습기 가득하다 엿장수 가위소리도 멎은 길가 오랜만의 무뚝뚝한 구두 소리가 계단을 뛰어 오른다 텅 빈 찻집 안의 신발에 밟히는 치맛자락 끌며 얼굴 마담이 쓰러진다 오래된 바람은 창가에 앉아 커피 한 잔을 시켜놓고 밖을 내다보는 동안 여자가 안을 본다 짧은 치마에 굽 높은 걸음걸이는 시선을 꽂아 노려본다 잠시 풍을 맞은 눈알이 붉은 바람에 후들거리는 오후가 오지 않는 사내를 기다린다 변두리에 핀 장미 다방이 한나절 해를 빗어 넘긴다

3부

들판을 가른다

그대는 나의 뜨거운 가슴
포옹함으로 비로서만
간절히 바라는 그리움
속 깊은 곳에서만 흐른다
이 세상 끝에서 처음까지
숨 넘어갈 단 한 마디의
이름 없는 절규
그대는 나의 창가에 와서
목 놓아 울어라
나를 사랑한다는 그 말
남의 사랑 흉내 냄은 싫어
믿기지 못해
오늘도 나는
그 진심을 찾아 산야를 떠돈다

바람을 보내고

속 쓰린 어둠을 털고 일어나
새벽마다 창문을 들컹인다
잠이 없는 그는 산비탈 선혈처럼 붉은
복숭아밭 한 바퀴 빙 돌고 와
배태용이 집 진배기 탁주 한 잔으로
남보다 먼저 내포리 새벽을 깨운다

눈을 감으면
손에 닿을 것 같은 이름 없는 바람
한 줌 찾아와 눈에 익은 들길
앞장을 선다
늘밭 고사리밭을 지나
안선장 수암사 절 뒤 덜컹 바위 사이로
줄타기하듯 엉개 두릅 따려 다니다
맛있게 낮잠을 잔다

미친 듯 치마 속을 들추던 바람은
안개구름을 몰고 와 한바탕
팔자 한탄 살풀이하다 산등성이
늘밭 골짝으로 달아난다

살아있을 때의 선명한 모습으로

세모 풍경

마지막 한 장 남은 달력이
저무는 햇살 받으며 떨고 있다
멀리서 되돌아오는 바람이
골목의 쓰레기를 휩쓸고 지나가자
담장 밑의 깡통은 혼자 흥얼거린다
시린 그림자를 헛발질하며
총총히 어둠 속으로 사라져가고
동지섣달 별빛이 눈을 깜빡인다
태풍에 쓸려간 슬픈 자정을 그리워하며
가로등이 을씨년스레 마을을 지키고 서 있다
전봇대 위에 까치는 노숙자처럼
부동자세로 앉아 울지도 않는다
이따금씩 한길로 찹쌀떡 장수 지나가고
티밥 몇 봉지씩 든 아이들 인기척 그치면
잇따라 포장마차 흐린 불빛이
부연 눈을 비비며 종적을 감춘다
세탁소 간판이 유난히 빛을 내는 동안
옛날 현란하던 네거리는
불경기에 칠흑같이 검은 바다로 변하고
인적이 드문 길모퉁이에서

그믐달이 지친 얼굴로
세밑에 까맣게 탄 채 흘러 간다

영남루에서

볕살 좋던 날
내 유년을 만나러 간다
누각 오르는 돌계단을 풍금 삼아
다락을 뛰놀던 여섯 살 계집애
입이 튀어나온 옛 모습은 잠시
능파당과 침류각을
좌청룡 우백호로 거느리고
어린 날처럼 휘파람 분다
해맑은 눈망울은 어느새 지명의 나이 넘어
와불로 누운 시간만이 뜨락을 지킨다

아랑의 아린 슬픔에 실어
풍류 타던 그리운 이들의 자취는
검붉게 일렁이는 대숲에 와서 산다
허기진 다리를 절룩이며
바짓가랑이 걷어 올린
남천강 교각 아래 피라미 떼 쫓던
붉은 노을이 번지면
남천시장 마지막 갈치 떨이에
부채질하던 물살이

잔잔한 웃음 지으며 반짝인다

상남을 추억함

물 찰랑이듯 금모래 씻겨가고
지금은 말라버린 계곡 저편으로
내리쬐는 햇볕
지난 시간의 먼지를 턴다

세월 열차를 타지 않고
그때 그 모양 그대로
우리 추억들 붉은 감 주렁 달려 있고
가로수 줄줄이 서 있다
흔들리는 나무 사이 죽살음하고 일어선 금곡 평야
모포기 깔린 잔디밭
고된 오후가 존다

이제는 안 계신 왕고모
집 뒷산 논둑 샛길 지나
동네 소의 집합소 울음소리 들린다
대발 끼고 선 큰 바위 위에
가위 바위 보 우렁찬 소리도 들린다
후회 없는 삶 실습장처럼 늘 놓여있던 그곳
솔밭을 지나

얇은 계곡 잃어버린 고기들
마음의 눈 안 조각으로 살아남아 있지만
지금은 메워지고 베어진 마당만리 늙은 정자나무
선조들의 넋이 놀다 간 찬물 샘에는
태고의 바람 끝이지 않는다

추수

감나무 잎이 우수수 떨어지는
마당귀 싸리비를 세워두고
농로 이리 저리 달음박질친다
내일 비가 온다는 일기예보를
사람들의 몸짓 어깨 너머 바람들이
수화로 전해준다
한해의 끝내기가 아버지의 묵은 체증처럼
추운 겨울 이불 속 덜썩거릴까 봐
손발 돌아가는 탈곡기 휘파람 인다
구겨진 농로를 다림질하던 경운기는
마을버스처럼 구역 구역 순회하고
볏단으로 하루해를 수없이
붙들어 매어보지만
내 젖은 생의 비망록 하나 묶지 못한 채
저만치 달아나는 해는 숨 가쁘다
양달과 음달을 이어주는
개울가의 징검다리 해질 무렵
꼬맹이들은 주전자 주둥이로 기어 나오는
다슬기를 다시 잡아넣는다
바구니를 꿴 감 딸개 긴 장대로

하루해를 어깨에 둘러메고
어두워 오는 논가에 서서 허수를 부르는
허수아비 번개 춤을 춘다

단풍

급류로 흐르는 세월
길게 드리운 그림자 위로
두 손 모으고
시든 꽃잎으로 떠날 길 위에 서 본다

화사한 봄날
진달래 꽃잎 연이은
인연을 따라
얼룩진 손수건 홍안으로 수놓는다

가을 귀뚜라미 울음 곱게 접은
가슴속앓이 피눈물로 쓴 구겨진 편지이다가
붓 끝에 낚이지 못한 언어이다가
겨울 한철 남쪽으로 떠나는 기러기 떼가 되었다

등성이로 골짝으로 흐르다 숨가파서
오늘은 큰 바위에서 하룻밤 쉬어 간다
등산 길목 이름 없는 시인을 기다리며
따뜻한 품속 같은 책갈피의 생 꿈을 꾼다
돌아보면

두고 온 고향처럼 손 흔들며
짙게 물든 먼 산들을 본다

생손가락을 앓으면

너는 엄동설한 살을 에는
행길가에 섰다
롯데백화점 뒤 긴 복개천
화려한 네온사인 비집고
누구를 찾는 듯한 겨울나무
D.D.R에 맞추며 방황하는 집시
어린 나뭇잎들 유심히 본다

모두가
내 손때 묻은 너의 고운 코와 입
무심히 지나가는 행인들의 등 뒤를 안타까이 바라보며
너는 거꾸로 흘러내리는 피를 말린다

하루 이틀 해가 저물어
모가지가 긴 가로등으로 섰다
젖은 모퉁이를 소매 훔치며 희끗희끗 돌아오는
먼 지나온 그리움 웃음 떠올리며
기다림의 꽃은 밤새 시들지 않는다
밤이 되면 활짝 피어나는
너의 열꽃 바라볼 때마다

내 생손가락의 통증은 더욱 아리어 온다

화선지 앞에서

내 마음 한 줄 강줄기로 흐른다
벚꽃 행렬 줄줄이 서 있는 발밑
낙동강 꽃이 핀다
전용 자전거는 꽃밭의 나비처럼 날아다니고
봄날 한때가 철쭉으로 떨어진다
갈대숲에 숨어 비행기 비명에 놀란 들새
안도의 한숨을 날린다
정오는 교각 위에서 미래로 줄달음치고
남루한 삶을 실어 나르는 공사장의 트럭
입안 가득 자갈을 씹는다

낮음 비음의 종소리 들린다
진흙의 어둠 걷어내는 비릿한 오후
연꽃 발뿌리 싹은 트고
떨리는 가슴으로 잠자리처럼
풀잎에 살포시 앉아
한낮 중심의 무게로 핀다
뚝에선 시비詩碑 지훈과 목월의
속삭임이 들린다

꽃밭 사이로 화선지에선
꽃이 흐드러지게 피어나고

눈

밤새
잠든 내 체위를
덮쳐 온다
내 허물을 덮어주고 감싸주는
그대
내 무한한 기다림의 허구이다
책상 위에 펼쳐진 백지가
사유를 물어
지표를 찍는 길
와와 소리치며 들판으로 달려가
눕고 싶은 꼭 다문 입술의 언어
밤이 지새도록
훌훌 날개 치며 떠날 그대
흥건히 괴일 눈물로도
잡지 못할 인연
가슴에 안겼다 사라지는
허망한 영혼
이 밤 자고 나면
하염없이 흐르는 눈물
마음 한구석 소슬바람
한 자락 세워 본다

직립을 생각하며

보이는 것이 전부가 아닌
나무들이 팔 벌리고
가파른 산을 오른다
안개 자욱한 골짜기를 지나
물의 올림 속으로 외출을 한다
입술에 루주를 칠하고
한 달에 한 번 생리를 토하고
하늘에 별과 달이 탄생하듯이
곧게 서 있는 나무들은
서로를 팽팽히 당겨주는 울타리
적당한 간격의 두 입술
배꼽 나이테 사이에 두고
곡선으로 둘러져 올곧게 서 있다
봄 초록의 치마를 두르고
걸어가는 꿋꿋한 자태는 아름답다

독종의 하루

은비늘 반짝이는 도시의 한복판
나는 좀처럼 일어서지 못한다
마른 잎 구르는 보도블록
퇴색한 거리에서
깨어진 사금파리로 드러누운 일상으로
질긴 그물을 짜고 있다

창 너머 흐릿한 시선을 가늠하며
보이지 않는 그물을 당긴다
슬픈 풍경과 노래를 가두고
걸어온 흐린 기억들을 가둔다

하루의 그물을 빠져나간
물고기 떼는 돌아올 생각을 하지 않고
나는 어스름 달빛 아래 거니는
낡은 꿈들을 하나씩 끌어 모은다

운명처럼 살아온 선로와
또 그렇게 살아갈 선로를
교차하는 투약의 촘촘한 시간

못내 일어서려는 의지의 외나무다리에서
먼 집의 불빛들만이
아득히 흐려지는 것을 본다

삼락동 가는 길

달동네가 떠오른다
옥상에서 달빛 게릴라들이
영토를 넓히는 밤
흰 옥양목 빨래들이 춤추며
줄줄이 박꽃으로 피어나고
녹슨 철대문집 허름한 건물들이
산답 논 골목을 돌고 돌아
층계를 오른다
내어줄 것 없는 막다른 세상의 골목집
고요히 잠든 축담 아래
바둑이는 잠들어 있다
눈부시도록 이승을 밝히는 달빛에
줄장미는 울타리를 휘감아 돌며
밤이슬을 술처럼 마신다
막걸리 장단 맞추는 소리에 취하여
동구 밖 쪽으로 푸른 줄기를 뻗쳐
귀 열고 있다

붉은 소나기

이마빡 파란 논둑이 오들도들 떨면
죽은 송장도 꿈틀거린다는 농번기
갓 시집온 스무 살 새댁의
부지깽이 몸뚱어리에
한꺼번에 석 달을 터진 속옷 가랑이가
모포기 가물가물 퍼붓는 빗줄기에
꿀 한 스푼에 소주 두 잔 타 마신 무논
미친 년 널뛰듯 넘어지는 논둑마다
국수 참말아 몸살 말아 먹는다
붉은 실뱀이 허벅지를 타고 내려
아무도 모르게 샅치기를 하면
봉순네 열두 마지기
소나기로 앓아누운 말간 하늘
논바닥 갈라지는 오뉴월에
논빼미에 묻힌 달덩이는
붉은 몸맵시 감추고 별이 되어 버렸다

강 1

마음의 눈을 밝히기 위해
고요히 눈을 감는다

지층 깊숙이 가라앉은
맑은 물길을 찾아
밀폐된 계단을 내려가면

빛은 숨을 거두고
기진맥진한 거미줄
어지럽게 걸려 있다

사면의 벽으로 둘러싸인
욕망의 정령이
파란 동공을 번뜩인다

어쩌다가 이것인가 하고
판에 박힌 관념이
목을 조른다

칠흑의 천정에서 떨어지는

물방울
뚝뚝 무섭도록 정적을 깬다

가야 할 지표는 흐릿하고
발가락 벌써 부르터 있다

소리를 추억함

지빠귀새는 아름다운 숲 그늘과 시린
숲의 향내를 모아 목소리를 낸다
천상에서나 흐르는 소리의 모음집을
숲 속 가득 푸르게 자아올린다

메아리 되돌아오는 골짜기
느티나무 버섯을 따노라면
문득 귓전을 흔드는 구슬픈 호소
다시 만날 수 없는 이파리 사이
깃털 흘리며 털어내는 애틋한 음성을
수틀에 올려 새겨나간다

세상은 서러운 비에 젖어
한 치 앞을 볼 수 없는 길이 있을 뿐
산등성이에 누워 새들 청아한 노래
테이프처럼 귓바퀴에 휘감아 본다
들판을 거닐다 발치에 걸리는
이름 모를 새들이 부르는 소리
하늘을 잃은 떠돌이에게 들려주는
단비 한 줄기 귀청을 적신다

햇살은 피어나 어디로 가나
설움에 겨운 울음에 섞인다

의자

1
반짝이던 욕망의 플러그가
하릴없이 빠져버린 그림자
지하철의 경로석에 기대어 졸고 있다
더위에 지쳐서 구겨진 얼굴이
전철을 기다리는 동안 더욱 바래져 있다
주름진 옷처럼 잘 펴지지 않는
열수위치를 차고 내닫는 걸음
이마를 식혀주는 열차의 의자는 천국이다
턱수염 습기 가득한 잡초가
열차에 흔들리며 묵도하는 사이
어김없이 널브러진 일상은
지하철을 끼고 달리며 황홀한 상념에 젖는다

2
일렁이는 물결 저편
누가 버튼을 누르며
깜빡이는 형광불빛을 밀어 올린다
수초 틈새에서 잠시 찌가 흔들리고
낚싯대를 들어 올리는 재빠른

손길의 그늘에서
의자 하나가 힘없이 무너진다
남자의 고장 난 눈시울에
실로 얼마만의 불길이 일어난다
내 안의 부재에 얽혀
떨리는 목재 다리가 삐걱거린다
어디서 달려올 것 같은 눈동자
물가의 햇살 위에 올려놓고
의자에 걸치지 못하는
내 의족의 혈관이 비로소 꿈틀거린다

일상의 밧줄을 타고

느린 발라드의 선율로
창을 연다
그늘진 내 고독의 산책로 위로
하늘을 찌르는 고로쇠나무
수많은 생각의 꽃 피운다
우수에 찬 담장이 넝쿨 따라
천길 벼랑에 올라서면
구름은 끝없이 추락하면서
말없이 물살을 잠재운다
바람처럼 스치는 해안선 한 줄기
수직으로 허공에서 졸고 있다
밤이 거대한 추억을 내려놓는 동안
수심에서 잉태되는 태양은
선구자처럼 살아 숨 쉬는 물결 위에
길게 눈부신 빛살 한 아름 쏟아 놓고 있다

후포 가는 길

시나브로 등 뒤를 좇던 파도소리 가랑비에 젖어 질척거렸다 어물전 꼴뚜기 제 살 베먹는 여자는 나이보다 더 삭은 검버섯 훈장 달고 굽은 삶보다 휘어진 칼을 휘둘렀다 울진 삼거리 어귀에서 영덕대게는 동해를 울컥 토하고 비릿한 청춘을 소모한 장명등이 눈을 감고 흘러간 유행가 가락에 젖었다

물살에 패인 모래밭에 등 떠밀린 소나무 군락들이 뱉어내는 통곡소리가 푸른 물결 밀어내고 휘청거리는 어깨를 가까스로 세우는 가마우지 떼의 날갯짓이 까맣게 흔들렸다 소나무 잎새 머리카락 듬성 빠진 듯 호젓하게 옷매무새 여미고 있었다

쓰러지는 들녘마다 소슬하게 태양처럼 익어가는 고추밭 서로 탐스런 살갗을 쓰다듬는 살찐 관능이 눈부시게 반짝였다 길은 고개 너머 앞을 달리고 풍어제 붉은 깃발을 펄럭거렸다 정류소 옆 과일가게 싱그러운 토마토가 끓어오르는 욕망에 벗은 몸을 뒤척였다 노을에 젖은 포구 술 취한 사내들이 선창에서 일렁거렸다

빈병 속의 하루

아파트 공사판에 갓 굴러 나온 반거들충이
낮술 몇 잔에 세상이 흔들린다
시장판 난전 리어카 앞에서
골라잡은 사과 한 알
아내의 볼을 닮았다
유리벽 없는 마네킹처럼
나신으로 누운 과일의 어깨를 만지면
검은 비닐봉투에 빛이 서린다
어둔 세상을 풍미하듯 출렁거리는
지하계단 그늘에 헛발질하다가
멍든 이마를 쳐들어 하늘을 본다
희미한 시선에 묻어나는 구름
골절상 입은 팔의 휘어진 자리에서
부러진 단어들이 뭉게뭉게 피어오른다
취한 발걸음에 소리 낮춘 핸드폰은
불러도 메아리 없는 수취인 불명의 암호
위험수위의 눈빛을 깜빡인다
휘청거리는 병 속의 하루가 저물고 있다

그 남자의 방 1

그 남자의 눈 속에는 예닐곱 살 아들이 뛰놀고 있다 뿌연 담배 연기를 피어 올리는 골목을 업고 와 소문 없이 내려놓는다 다세대 집 뜰은 한밤중이다 습지 같은 어둠을 포식하는 바퀴벌레 순식간에 숨어들고 식구처럼 반기는 먼지들이 둘러앉는다 부스러기로 신살림 차린 어린 틈새로 놀러 나온다 내 예닐곱 살 아들을 붕어빵처럼 데불고 어디쯤 조각 난 삶을 부려 놓고 있을까 붉은 낙관인 양 입술을 찍고 시퍼런 칼을 가는 문틈으로 바람이 분주하다 희미하게 떠오르는 기억들 어느새 입술가에 솟아난 굴뚝에서 연기가 피어오른다 아들은 별을 보며 배낭을 업고 다니는 남자를 기다리다 잠이 든다 몇 달째 돌아오지 않는 그 남자의 방 안에는 신문 전단지만 가득 쌓여 있다 낡은 옷가지들은 방주인이 돌아오기를 기다린다 문 열기 바쁘게 갇혔던 바람은 맨발로 튀어 나온다 산을 이루는 그 남자의 방 가득 이불이 된 라면 봉지들이 흩어져 있다

낙동강 줄기

체육공원 끼고 만발한 유채꽃이 유유히 흐른다 강은 봄을 밀어 올리며 몇 발자국 더 옮겨 놓는다 삼랑진 지나 밀양 어딘가에 남천강을 낳아 놓고 뜨거운 젖줄 어루만진다 아 급류로 쏠려 내려오는 썰물 같은 밀물이 남지에 와서 쓰러진다 더운 호흡을 가다듬으며 드디어 힘차게 끌어안는 원동역 벚꽃 가는 허리에 강은 수줍게 손을 얹는다 깊지도 얇지도 않는 쉬임 없는 박동소리 평야를 일구고 햇살을 적신다 살아 있는 맥박이 들판을 지나서 산모롱이를 돌아서 다부원의 쓰린 기억을 새기고 떠난다 꿈틀대는 그물망에 햇볕을 가두고 튀어 오르는 은어 떼는 저무는 노을에 대장간의 등불을 밝히고 그리운 숭어들 치솟아 오르는 봄은 다시 낯익은 몸매로 청청한 물살을 거슬러 오른다

지우기

내가 서예학원에 다니는 뜻은
단순히 글씨를 닦는 일만이 아니다
까맣게 갈린 먹물을 휘저으며
마냥 술에 찌든 남편의 얼굴을 지우고
아침마다 손 내미는 아이들의 얼굴을
새까맣게 지우는 일이다
한평생 살아갈 근심을 지우고
늦은 밤 백열등 아래 휘청거리는
나의 을씨년스런 그림자를 지운다
날마다 글을 쓰는 것 이외에
술주정과 아이들의 투정
견물생심의 추악한 나의 그림자
밤늦도록 지워도 줄지 않는
하염없는 비애를 밀어내면서
화선지에 떠오르는 것은 다만 글씨뿐
무게도 없는 내 설움은
언제나 덤으로 살아있다

● 해설 ●

바람의 시혼詩魂
—김시월의 시 세계

김경복(문학평론가 · 경남대 교수)

바람이 인다! ……살려고 해야 한다!

거대한 바람이 내 책을 펼치고 또 덮는다……

—폴 발레리, 「해변의 묘지」

시의 본질은 무엇일까? 포착, 그것 아닐까? 시의 본질이 그러하다면 존재의 본질 또한 그러할 것이다. 생의 갈망에 대한 포착, 존재의 무상함에 대한 겨눔. 시인은 존재의 타는 목마름을 달래기 위해 몽상하고 몽상한다. 김시월 시인이 다음과 같이 의식의 저 깊은 심층을 노래하고 있는 것은 이러한 생의 갈망에 대한 한 포착으로서 기억이 갖는 가치와 그 의미를 알고 있다는 뜻일 것이다.

내 의식의 사진기 속에는

오래전에 감아 두었던 흑백
기억의 필름이 살고 있다

—「쌍포 시편」 부분

그렇다, 의식은 포착이다. 사진기처럼 잊혀지지 않는 생의 사건들을 기억이란 이름의 필름에 새겨두는 것이다. 그때 순간은 영원이 된다. 그때 의식의 섬모들은 생의 순간을 영원으로 끌어올리기 위해 빛을 내는 발광체가 된다. 기억의 인화지에 번지는 저 의식의 분비물들은 우리의 생애 내내 얼마나 끔찍한 아름다움으로, 돌이킬 수 없어 더욱 치명적인 무늬로 남아 있을 것인가. 시인 김시월은 의식의 저와 같은 슬프고도 잔인한 운명을 알기에 그의 시에 의식의 결들을 촘촘히 엮어 아로새겨 둔다. 덧없고 무상한 생의 실체를 바로 보기 위해 의식의 광대한 심층 속으로 홀로 걸어 들어간다. 그것은 아슬아슬하면서도 비장한 모험의 성격을 지닌 것으로 보인다. 그 점에서 그녀가 그리고 있는 시적 이미지와 그 이미지 속에 펼쳐진 광대한 의식의 단층들은 우리의 존재성을 전율케 하는 방전판이다.

바람의 제국과 존재의 회한

의식의 빛을 따라가면 김시월의 시에는 바람이 온 천지를 뒤덮고 있음을 발견하게 된다. 사방에서 부는 바람으로 인하여 그녀의 시 세계는 귀를 찢는 소리와 온몸을 소름 돋게 하는 추위, 그리고 이것들을 아우르며 펼쳐진 스산한 풍경으로 가득 차 있다.

독자로서 그녀 시가 구축한 세계에 첫 발을 내딛었을 때 왜 시인은 이러한 으슬으슬한 생세계를 그리고 있는가 하는 의문을 품어보는 것은 당연하다. 왜 바람인가, 바람이어야 하는가 하는 의문. 실지로 그녀 시의 전반을 아우르는 이미지는 바람, 그것도 음습하고 스산하기 짝이 없는 바람이다. 그 바람이 그녀 시의 문맥을 붙잡고 휑뎅그레하게 불고 있다. 바람은 문장 속을 불어 다니며 그녀 시의 부호와 이미지에 구멍을 내어 불연속 속의 연속을 확실케 하는 것이다.

따라서 그녀 시를 감상하기 위해 그녀 시의 중심부로 걸어가려는 사람은 그녀 시가 건설하는 바람의 나라를 헤쳐가지 않으면 안 된다. 바람이 부는 한가운데로, 바람의 힘에 밀려, 점차 바람이 되어보지 않고서는 그녀의 시를 이해했다고 할 수 없으리라. 그녀의 시는 저 깊은 의식의 심연에서부터 바람의 지평과 울타리를 갖추었을 뿐 아니라, 바람이 갖는 풍화의 힘에 그녀의 전 생애가 바스라지고 있기 때문이다. 따라서 독자로서 우리는 풍화의 힘에 소멸되지 않으려 애쓰면서 그녀 시의 방문자가 되어야 할 것이다.

이미 김시월은 그의 첫 시집 『새벽으로 떠나는 기차가 보인다』(2001)에서 바람에 휩쓸려 가는 자신의 운명을 다음과 같이 노래하고 있다.

바람의 길을 따라간다
낯선 곳으로 떠다니는 바람 따라
긴 기다림의 발뿌리 드리우고
끈질긴 생의 고삐를 죄고 있다.

〈중략〉

나는 한 그루 소나무
하늘 아래 아득한 벼랑을 본다.

—「소나무를 위하여」 부분

이 시는 '바람의 길을 따라' 갈 수밖에 없는 천형天刑의 존재성을 보여주고 있다. 그때 바람의 길은 '낯선 곳'과 '긴 기다림', 그리고 '끈질긴 생의 고삐'가 드리워진 고통의 장소인 만큼 누구나 쉬이 갈 수 있는 곳은 아니다. 운명이 부르는 소리를 듣는 자와 그리고 그러한 운명에 두려워하지 않는 자만이 갈 수 있는 곳이다. 바람의 힘에 맞서면서 동시에 그 바람의 힘에 실려 비상할 수 있는 광막한 대지와 벼랑이 존재하는 곳.

그러나 김시월은 이 시에서 아직 바람을 타고 비상하는 존재의 모습은 취하고 있지 않다. '소나무'로 표상된 자아는 바람의 힘에 한없이 시달리는 존재로만 그려지고 있다. 운명이 부르는 소리를 듣고 있지만 막상 운명과 마주하여 그것을 타고 넘을 엄두를 내지 못하고 있는 것이다. 그것은 그녀가 아직 현실적 삶의 과정에 집착하고, 그러한 생이 주는 고통에 예민하게 반

응하고 있다는 말이 된다.

생각해보면 김시월의 저러한 모습이 보다 인간적일 것임에는 틀림없다. 벼랑 위에 그의 실존적 거처를 마련한 존재는 언제나 바람의 힘에 의해 그의 생을 증명한다. 바람에 흔들려서 벼랑의 현기증을 온몸으로 살려낸다는 것이다. 이는 역설적으로 바람만이 그의 생세계의 독특성을 부조해내고 있다는 뜻이 된다. 그 점에서 김시월에게 바람은 그의 삶의 가장 소중한 거처이자 살아있음의 느낌을 환기하는 질료에 해당한다. 그 질료가 주는 감각은 물론 고통과 회한이다.

이번 시집에서도 그 점은 같다. 가령 다음과 같은 시가 이번 김시월 시집의 초입 풍경을 알려주는 정도의 시가 아닐까.

사거리 횡단보도엔
행선지 잃은 발자국 몇
바람 되어 떠돌고
가을을 서성이던 키 큰 은행나무가 있다
물결처럼 밀려왔다가는 사람 등 뒤를 배회하며
기쁨과 슬픔 아쉬움을 하나씩 떨구며
옷을 벗는 나목 새로 쳐진 사상초등 울타리를
마주하고 선 이 층 창문 손때 묻은 나의 흔적이
살아있다 운동장을 맴돌며 아이들과 눈 온
날의 추억을 되새김하는지 붉게 충혈된 눈을 본다
아이들의 힘찬 합성에도 추위를 타는 길목

—「그곳에 가면 1」 부분

이 시는 이번 시집에서 바람의 질료성을 잘 보여주는 작품의 하나다. 소멸과 상실이라는 바람의 물질성이 작품 전면에서 배어나오고 있다. "행선지 잃은 발자국", "가을을 서성이던 키 큰 은행나무", "옷을 벗는 나목" 등의 사물과, "떠돌고", "배회하며", "떨구며", "추위를 타는" 등의 행위 동사는 모두 방황과 상실, 그리하여 소멸의 애상을 환기하는 바람의 물질성을 구체화한 것이다. 때문에 전체적으로 이 시는 바람이 갖는 스산함과 덧없음을 언표화함으로써 삶의 쓸쓸한 한 단면을 재현하고 있다.

그런데 이 시가 보여주는 처연한 아름다움은 바람이 환기하는 물질성에서만 발생하는 것은 아니다. 김시월 시에서 문제되고 있는 기억, 즉 의식의 섬모들은 이 시에서도 추억의 아름다움을 방전하고 있어 애잔함을 더 한다. 즉 시에서 "사상초등 울타리를/마주하고 선 이 층 창문 손때 묻은 나의 흔적"의 표현은 그녀의 혼이 돌이킬 수 없는 시간대로 넘나들고 있음을 보여준다. 그것은 혼의 해매임을 역설적으로 증명해 보이는 것이다. 그녀의 혼은 바람이 되어 시간의 불가역성을 뛰어넘어 저 그리운 신화적 공간 속으로 넘실대고 있다.

때문에 "눈을 감으면/손에 닿을 것 같은 이름 없는 바람/한 줌 찾아와 눈에 익은 들길/앞장을 선다"(「바람을 보내고」)는 고백은 그녀만의 특권적 상상력의 발동이다. 그녀의 상상력은 바람의 질료성에 붙잡힌 자의 운명을 계시하고 있다. 바람이 갖는 불안정성의 운명과 그리됨으로써 다시 돌아가고 싶은 자의 심리적 갈망을 파노라마 형식으로 보여주는 것이다. 바로 이것이 바람의 시혼 아니겠는가. 그러므로 바람이 부는 소리에 사로잡힌 영혼에게 다음과 같은 시는 너무나 당연하고 자연스러운 발상이다.

삭은 문짝을 민다
잃었던 기억이 빛을 타고 일어선다
정리되지 못한 마음속 낡은 세간들
호명을 기다리는 죄수처럼
몸을 들썩이며 일제히 고개를 돌린다
도시에서 적막한 마을로 이주해와
어둠 속에 쪼그리고 앉아 있다
부러진 팔의 통증으로 신음하는 소리가
여기 저기 들려온다
늙은 어미는 아들의 시신 같은
슬픈 추억 뼈마디들을 어루만진다
빼앗아갈 수 없는 내 기억의 낡은 건물 속에
수척한 영혼 하나 나의 치마를 붙잡는다
나는 잠시 미아가 되어
벽에 칠 새로운 못 하나에 시선을 박는다
푸른곰팡이가 멍석 위에 집을 짓고
희망을 잃은 호미가 천정에서 목을 메자
이 빠진 낫 따라 목을 멘다
사자문양의 철 대문 노을 쪽으로 반쯤 기울고
동백꽃잎이 흩어진 뜨락에 칠 벗겨진

냉장고가 엉거주춤 앉아 있다

문득 싸늘한 바람 한 줄 담장 너머 사라진다

—「헛간의 바람소리」 전문

기억은 우리의 존재성을 증명하는 단 하나의 지표다. 김시월 시인에게 그것은 바람의 소리, 바람의 냄새, 바람의 촉각으로 구현된다. 이 시에서는 마지막 구절에 "문득 싸늘한 바람 한 줄 담장 너머 사라진다"고 강조해 놓았지만 "삭은 문짝을 밀"고 "잃었던 기억이 빛을 타고 일어"설 수 있게 하는 것이 더욱 바람의 작용에 의해서임을 우리가 금방 알 수 있도록 직조해 놓은 데 그 의의가 있다. 생각해보자. 이 시에서 문짝을 미는 주체가 나타나 있지 않지만 삭은 문짝을 미는 것은 '바람'이다. 시의 구절로 볼 때 화자가 문을 미는 것으로도 볼 수 있다. 그러나 이는 상상력을 단순하게 파악한 결과다. 왜냐하면 문짝을 '삭게' 하는 것도 바람일 뿐 아니라 바람만이 문짝을 밀어 거기에 문이 있음을 알게 하기 때문이다. 따라서 문은 바람이 밀어 열리는데, 이때 바람은 시인의 영혼이 물질화된 것이라는 점에서 화자와 동일시된다. 더 나아가 기억으로서 빛을 내게 하는 물질이 바람이라고 보는 근거도 바람의 질료성이 갖는 상승의 특성이 금방 '빛'이라는 물질로 전이된 것에서 추리해 볼 수 있다. 빛과 바람은 모두 대기에 가득 차 있으면서 보다 영원한 곳으로 나아가려는 특성을 공유하고 있기 때문이다.

그렇지만 이 시에서 바람은 그런 신성한 의미를 지향하고 있지 않다. 적막한 집으로 불어가는 바람, 특히 '헛간'의 공간을 타넘고 있는 바람은 가장 표표하면서도 허허로운 모습을 취하고 있다. 이 시에서 김시월이 노래하는 바람은 가브리엘레 다눈찌오가 죽음에 대해 명상하면서 "바람은 더 이상 존재하지 않는 것에 대한 회한처럼, 아직 형태를 갖지 못한 피조물의 초조로움처럼, 추억으로 가득하고 예감으로 부풀어 찢어진 영혼과 무용한 날개로 되어 있는 것 같았다"고 말하고 있는 내용에 아주 잘 들어맞는다. 그녀의 상상력 속에서 바람은 "호명을 기다리는 죄수", "부러진 팔의 통증으로 신음하는 소리", "수척한 영혼 하나 나의 치마를 붙잡는", 혹은 "희망을 잃은 호미가 천정에서 목을 메"는 등의 우울하고 쓸쓸한 상황만 펼쳐놓는다. 다눈찌오가 말하고 있는 바처럼 회한과 초조에 휩싸인 영혼, 다시 말해 상처입은 영혼이 쓸쓸한 추억 속의 헛간에서 무용한 날갯짓으로 부유浮游하고 있는 형상인 것이다. 그 점에서 그녀 시에서 이 시만큼 애잔한 아름다움을 유발하는 것이 또 있을까. 있다면 역시 기억 속의 고향집을 바람의 영혼이 되어 찾아가는 다음과 같은 시일 것이다.

문짝 떨어져 나간 자리에
거미줄이 무지갯빛 자물쇠를 채운다
바람이 불 때마다
셋방 표지가 손 흔들고
뿌리도 없는 먼지들이
맨발로 뜨락으로 뛰쳐 나온다
거센 돌개바람에 휘말려

낡은 대문 닫히는 소리
저 혼자 요란하게 부서진다
이사 소식을 모르는 군사우편
토방에 쓸쓸히 내던져져
달빛과 이마를 맞대고 있다
〈중략〉
축축한 적막이 벽을 기어오르고
문밖으로 가녀린 불빛 일어선다

—「빈집」 부분

역시 "축축한 적막이 벽을 기어오르"는 옛집에 바람의 영혼이 되어 들이닥치는 풍경을 묘사하고 있다. 제목이 갖는 '빈집'이라는 공간성과 낡음, 먼지, 부서짐, 가녀린 불빛 등은 바람의 질료성을 환기하는 세목들이다. 전체적으로 표표하게 날아올라 사라져가는 스산함과 애잔함의 정서를 질서화하고 있다.

이런 바람의 쓸쓸함은 그녀의 의식 속에서 "재첩국동이로 스물 스물 걸어오는 골목 바람이 가난한/대문을 흔들어 깨운다"(「바람 드센 날」)에서는 가난으로 인한 마음의 상처를 통해 드러나거나, "마지막 한 장 남은 달력이/저무는 햇살 받으며 떨고 있다/멀리서 되돌아오는 바람이/골목의 쓰레기를 휩쓸고 지나가자/담장 밑의 깡통은 혼자 흥얼거린다"(「세모 풍경」)에서는 시간의 사라짐을 통해 구체화되고 있다. 그리고 이것들은 앞의 시들에 비해 보다 강력한 힘으로 대지를 불어가는 특색을 보인다.

이 점과 관련하여 바슐라르의 말은 진리가 된다. 바슐라르가 우주적 진노를 잘 드러내는 이미지가 있다면 그것은 바람이라고 말하면서, 바람은 순수한 분노, 대상 없는 분노, 구실 없는 분노를 상징한다고 말했을 때, 이는 김시월의 시에도 잘 적용된다고 할 수 있다. 그것은 분노가 사실 슬픔이기 때문이다. 생각해보라. 슬픔은 무엇인가? 바로 분노의 역설적 표현 아니겠는가. 시간에 처단된 존재론적 생의 슬픔에서 분노는 연원한다. 유한성과 불가역성에 대한 존재의 깊은 절망은 아무런 대상을 갖지 않는 분노, 저 우주적이고 본질적 생의 비참으로써 표현되는 분노를 터뜨리게 된다. 그 점에서 김시월 시에 일부 나타나는 바람의 광포함은 사실 일정 부분 존재의 깊은 절망에서 오는 분노의 표현인 셈이며, 분노를 통해 생의 실상을 보고자 하는 것으로도 살펴볼 수 있다.

그러나 김시월의 시에서 바람은 광포하기보다 음산하고, 돌개바람으로 소용돌이치기보다 산산이 흩어지는 형상을 취한다. 때문에 그녀 시에서 바람은 보는 것보다 듣는 것에 해당한다. 듣는다는 것은 보는 것보다 더 극적인 법이다. 귀를 통해 몽상하는 시인의 상상의 세계에는 삶의 가장 본질적인 순간으로 채색된 풍경이 살아난다. 추억이란 이름의 그 생생한 감각의 제국, 김시월의 시의 본령은 그 바람이 만든 감각의 제국을 건설하는 것이자 그곳의 주민이고자 하는 기원의 성격을 띠고 있다.

풍경의 울림과 혼의 비상

바람의 나라에서 한 걸음 더 깊이 들어가면 다시 김시월의 의식은 몇 겹의 단층을 만들어 의식의 섬모들을 방전하고 있음을 발견하게 된다. 풍경의 갈피들은 저마다 자기磁氣를 띤 채 고유의 자장磁場을 형성하며 그녀의 의식의 심층을 이루고 있다. 우리의 발걸음을 당기는 것은 역시 바람의 혼에 불려온 유년의 풍경이다. 김시월의 시에서 고향과 유년의 풍경은 바람이 되어서라도 다시 찾아가고 싶은 혼의 거처인 것이다. 다음과 같은 시가 전형적으로 여기에 해당하지 않을까.

환하게 웃으며 걸어 나온다
기적소리에 온몸을 떨던 빨간 벽돌집 옥상
사시사철 흰 빨래가 눈물을 말리며 꿈을 저울질
하고 있다 엄마가 보고 싶으면 이모를 보러오던
오빠 멀리 범내골 꽃시계를 그리고 부일시네마
극장 포스터를 그린다 인부들은 바람난 주인
영감 덕에 종일 쉬는 시간 화제로 꽃을 피운다
아름드리 묵은 둥지를 자르던 기계들은 텅텅
헛바람 소리를 내며 녹슬어 간다 열네 살 소녀
가 오빠 등을 토닥토닥 두드려 주면 띄엄띄엄
알파벳을 가르쳐 준다 유일한 낙이었던 그 눈이
큰언니 과자 싸오기를 기다리며 한때 나이가
같은 새엄마를 대문 밖으로 안아 내던 낡은

대문으로 사춘기 시절이 빠져나가고 빚쟁이
들이 하나 둘 찾아와 주인이 바뀌어버린 목재소
뒤로 기차가 오지 않는 철길만이 전포동 빨간
벽돌집을 가끔씩 떠올려 본다

—「오빠가 있던 목재소」 전문

기억은 시간에 의해 낡아가지 않는다. 오히려 더욱 힘이 세진다. 언제나 "환하게 웃으며 걸어 나오"는 추억은 당당한 모습으로 걸어 나와 시적 화자에게 현재에 결핍된 것이 무엇인지를 알게 하고, 그 결핍에 무엇이 필요한지를 깨우쳐준다. 이 시에서 시적 화자는 오빠가 있던 목재소를 중심으로 유년의 아름답던 추억을 떠올리고 있다. 비록 과거가 가난하고 힘들었을지라도 이모와 오빠, 인부들, 큰언니 등의 정다운 사람들과 빨간 벽돌집, 극장 포스터, 녹슬어가는 기계, 알파벳 공부 등의 정겨운 사물로 인해 잊지 못할 추억의 대상이 된다. 영혼의 평화를 느낄 수 있는 성스러운 시간과 장소, 즉 영원이 되는 것이다.

이러한 추억의 아름다움을 지향하는 시가 사실 그녀 시의 전반을 이룬다고 말해도 과언이 아니다. 그만큼 그녀 시는 추억의 풍경을 새기는 데 주력하고 있다. 왜냐하면 추억은 그녀에게 단순히 과거를 회상하는 수동적이고 퇴영적 행위가 아니라 현재의 삶에 대한 반성과 함께 보다 근원적 삶의 모습을 추구하는 지향적 행위가 되기 때문이다. 그 점에서 그녀의 시에서는 추억이 성스러운 의미를 띠게 된다. 그 추억의 무늬와 결을 우리는 주목할 필요가 있다. 그러므로 추억의 장소가 약간 누추한 모습으로 그려지고 있는 다음과 같은 시도 여기에 해당함을 잊지 말아야 한다.

고갯길 오르내리며 어머닌
긴 하소연 늘어놓는다
밀양 구비기에서 여기까지 흘러 온 야기
굽은 허리를 잠시 편다
샛골목이 큰 도로가 되자 가로등이 멍하니 서 있고
누더기 걸친 복덕방이 세탁한 옷을 갈아입고
현주소를 적는다
계단을 오르듯 병원 키는 자꾸만 높아가고
세든 채소가게에서 겨울살이가 시들어 간다
막 자갈치에서 건져 올린 등 푸른
고등어가 영문 모를 눈을 깜빡인다
186번 버스가 바다로 달려가다
부산진역에서 검문을 받으며
용두산 정상은 흰구름에 푸른 얼굴을 가린다

—「수정동 고개」 부분

기억은 시간을 초월한다. 현재 시제로 표현된 이 시 또한 기억의 영원성을 말해준다. 수정동 고개를 중심으로 당시의 비루한 일상적 공간들이 가로세로 포개지고 배열되면서 하나의 성스러운 장소로 재탄생되고 있음을 볼 수 있다. 이 공간은 비록 누추하고 일상적 모습을 띠고 있지만 기억이라는 포착을 통해 걸러진 풍경이라는 점에서 그것은 영원, 혹은 영성靈性의 의미를 지니고 있다. 특히 어머니를 중심으로 끝내 잊혀지지 않는 풍경의 각인이라는 점에서 이 시의 이미지들은 많은 에너지를 내포하고 있다. 따라서 김시월에게 유년을 비롯한 마음의 절절한 풍경은 현실적 삶의 결핍을 달래주고, 보다 영원한 세계로 이끄는 표지가 된다.

김시월의 시에서 이러한 풍경의 발견은 대상의 선명한 묘사에 있는 만큼 그녀의 시작법詩作法은 곧잘 묘사주의로 나아가게 한다. 묘사를 통한 풍경의 발견은 대상을 잊지 않고 마음속에 오래 새겨두는 방법이다. 그녀에게 풍경이 갖는 가치가 얼마나 남달랐으면 "심호흡하며/풍경을 마신다"(「가문 날」)는 기발한 표현을 얻게 되기까지 하였겠는가. 그 점에서 김시월의 시에서 묘사는 단순히 대상의 그려냄을 넘어 혼의 응집이란 명제로 나아감을 뜻한다. 다음과 같은 시들이 이를 잘 증명한다.

동짓달 짧은 해
하나 남은 팥죽새알처럼 떠 있다

—「어떤 종이」 부분

책상에 묶인 시간이 운다
늘 그곳에 한 번 가보고 싶다고
내 귀에서 징처럼 울리는 풍경
눈부신 정오의 산책을 한다

—「달력 속의 우포늪」 부분

풍경의 발견은 사물의 발견이자 인식의 발견이다. 즉 대상에 통한 시인의 지향적 의식을 발견하는 것이다. 그 점에서 위의 시구들에 표현된 풍경은 김시월의 내면의식을 반영한 것이라 할 수 있다. 그리고 그것은 매우 절묘하게 파악된 인식 행위로 독창적인 것이라 할 수 있다. "동짓달 짧은 해"를 "하나 남은 팥죽새알처럼 떠 있다"로 표현한 것은 그녀의 체험에 기인한 것으로, 하나 남은 팥죽새알이 갖는 짙붉음, 강렬함, 외로움, 아쉬움 등이 동짓달 짧은 해의 속성을 너무 잘 환기해주고 있다. 또 "책상에 묶인 시간이 운다"는 표현도 일상생활 속에서 자책과 갈망의 복잡한 심리를 아주 적절하게 포착해냄으로써 공감을 획득하고 있다.

이는 사물의 특성과 인간의 내면적 특성을 보다 큰 범주에서 통합할 수 있게 됨에 따라 얻을 수 있는 표현이다. 특히 혼의 지향과도 맞물린 특성을 암시해주고 있다는 점에서 신비한 여운까지 주고 있다. 그 점에서 김시월이 개인적 체험을 바탕으로 사물의 본질을 꿰뚫어보는 혜안은 물론 그러한 깨달음을 시적 표현으로 달성할 수 있는 능력을 갖추었음을 이러한 시편들은 보여준다고 말해도 좋을 것이다.

그리하여 가령 다음과 같은 시는 그녀가 왜 시를 쓰는가 하는 문제에 대한 해명의 의미까지 나아갔다는 점에서 주목을 요한다.

내가 서예학원에 다니는 뜻은
단순히 글씨를 닦는 일만이 아니다

까맣게 갈린 먹물을 휘저으며
마냥 술에 찌든 남편의 얼굴을 지우고
아침마다 손 내미는 아이들의 얼굴을
새까맣게 지우는 일이다
한평생 살아갈 근심을 지우고
늦은 밤 백열등 아래 휘청거리는
나의 을씨년스런 그림자를 지운다
날마다 글을 쓰는 것 이외에
술주정과 아이들의 투정
견물생심의 추악한 나의 그림자
밤늦도록 지워도 줄지 않는
하염없는 비애를 밀어내면서
화선지에 떠오르는 것은 다만 글씨뿐
무게도 없는 내 설움은
언제나 덤으로 살아있다

—「지우기」 전문

이 시에서 '지우는' 것은 현실적 삶의 누추함이나 속악함이다. 그렇게 지우는 까닭은 보다 본질적이고 완전한 삶을 영위하기 위함이다. 그 점에서 지우는 행위는 새로운 것을 받아들이기 위한 행위이자 새로운 것을 발견하기 위한 행위인 것이다. 때문에 그녀가 세상의 무의미와 속악함을 지우면서 새롭게 발견하는 것은 예술적 고투 행위苦鬪 行爲, 즉 "화선지에 떠오르는 (…) 글씨"임이 명백하다.

대저 '글씨'란 무엇인가. 이 시에서는 "서예학원"이란 정보로 볼 때 '붓글씨', 즉 서예를 뜻하겠지만, 좀 더 상상력을 밀고 나가면 '시 쓰기'와 관련된다. 서예는 화선지 위에 혼을 집중시켜 글을 씀으로써 현재를 영원으로 붙잡는다. 이 쓰는 과정에 자신의 사상이나 감정을 실어 조금 더 긴 언어로 표현하면 그것은 시가 아니고 무엇일 것인가. 시서일여詩書一如, 혹은 시화일여詩畵一如란 옛 선인들의 말은 그냥 만들어진 말이 아니다. 삶의 무의미를 이겨내기 위해 고도의 집중적인 혼의 연마작업을 하는 가운데 그것들이 서로 궁극에서 만남을 확인할 결과이지 않겠는가.

김시월은 본능적으로 서예와 시 쓰기의 동질성을 몸으로, 영혼으로 체득하고 있다. 그런 차원에서 "한 생의 물음표를 달고/ 밀물 썰물 분주히 칼을 간다"(「글을 쓰면 2」)는 언급은 참으로 존재의 예술적 기투행위企投行爲에 대한 의미 있는 발언이 되는 것이다. '글을 쓰는 행위' 자체가 바로 이 무의미한 세계에 의미를 새겨 넣기 위한 고투행위라는 사실, '칼'을 갈아 내 존재의 존재성을 지키기 위한 응전이라는 사실을 여실히 드러내고 있는 것이다. 그 점에서 그녀의 시 쓰기는 존재론적 깊이를 상당히 갖추고 있다.

그러한 인식의 결과 다음과 같은 아름다운 한 편의 시가 탄생되는 것이다. 바람의 시혼으로 이 세계의 무의미에 저항할 때, 혹은 바람의 상상력을 빌어 이 무정형의 세계를 날아오를 때 존재는 이 우주 속의 신성한 중심이 된다.

며칠째 겨드랑이가 가려워
나는 지금 서울로 간다
슬픔 짙게 배인 밤들을 청산하고
세상 깊이 나를 가둔 어둠을
툭 툭 턴다
무늬 없는 삶의 행보여 안녕
멀지 않는 미래 얼음 조각을 스케치하며
내가 깨지 못하는 단단한 벽 앞에
구석구석 나이테 묻어나는 어둠이
로댕처럼 쭈그리고 앉아 있다
별이 총총히 빛나는 밤
명동 밤거리 현란한 네온사인 불빛
행렬이 바다로 가고 있다
거미줄 엉킨 노선 조심스레 당기며
어디쯤에 있을 파란 하늘을 찾아
지난 시간의 어둠더미 헤적이며
보석을 찾는다
무수한 별들이 내려와 거리를 서성거린다
도시 밖에는 세찬 바람이 불어오고
내가 찾는 나무들은 보이지 않는다
거친 발길에 채이는 돌 하나
하늘은 끝내 눈뜨지 않는다
나의 푸른 날개는 어디서 휘적이고 있는가

―「날개」 전문

바람은 불안정한 인간을 상징한다. 시인은 어디서나 바람이 불고 있음을 느끼고 있다. 바람이 그의 전존재성을 뒤덮고 있다고 느꼈을 때 이제 첫 시집에서 보였던 '소나무' 류의 질긴 저항과 고통에서 초연한 상승을 꿈꾼다. 왜냐하면 바람은 신이 인간의 콧구멍 속을 통과시켜 그 생명성을 북돋우고, 더 나아가 이 세계와 우주에 대한 인식의 싹을 틔워주는 요소로 작용하기 때문이다. 다시 말해 유한적 존재의 고통을 초월하여 이 우주적 존재로 거듭나고자 할 때 바람의 상상력은 불려온다.

이 시에서 김시월은 비록 바람이 존재의 슬픔을 환기하는 것으로 작용하지만 오히려 그 고통의 실체를 정면으로 응시하여 "도시 밖에" 부는 "세찬 바람"을 타고 날아오를 꿈을 꾸고 있다. "푸른 날개"로 상징화된 이미지는 현실 초월의 욕망을 바람이라는 질료를 통해 전 우주로 확산시키고자 하는 것이다. 그 점에서 바람을 사랑하는 영혼은 하늘 사방에서 부는 바람으로 고양된다고 할 수 있다. 상승의 힘을 받아 이 지상의 중력의 법칙, 즉 생의 구속에서 벗어나고자 하는 것이다. 그에 따라 그가 가진 자유로움의 표상은 존재의 궁극적 지향점이 된다.

이번 시집에서 선보이는 김시월의 바람의 세계는 이러한 도정을 지향했다고 말해야 할 것이다. 이후 바람을 타고 구만리 창공을 나는 심리의 표현은 사실 허황된 것일지 모른다. 그러나 그러한 경지로의 추구는 우리 인간이 꿈꾸는 영원에의 갈구라는 점에서 드라마틱하다 하지 않을 수 없다. 그 점에서 김시월의 시는 바람의 시혼을 통해 한 편의 장엄한 인간학을 펼쳐 보였다고 할 수 있다. 시인의 건투를 빈다.

문학의전당 · 시인선 80

생손가락을 앓으면

초판인쇄 2009년 7월 12일
초판발행 2009년 7월 17일

지 은 이 김시월
펴 낸 이 김충규
펴 낸 곳 문학의전당
출판등록 제387-2003-00048호(2003년 9월 8일)

주　　소 121-718 서울특별시 마포구 공덕2동 404번지 풍림VIP빌딩 202호
전화번호 02-852-1977
팩시밀리 02-852-1978
블 로 그 http://blog.naver.com/mhjd2003
전자우편 mhjd2003@naver.com

I S B N 978-89-93481-32-7 03810